El cuidado de las mascotas

Los hámsters

Rebecca Sjonger y Bobbie Kalman

Fotografías de Marc Crabtree

Crabtree Publishing Company

www.crabtreebooks.com

Los hámsters

Un libro de Bobbie Kalman

Dedicado por Rebecca Sjonger
A Gepke Sjonger y Emma Hardie

Editora en jefe
Bobbie Kalman

Equipo de redacción
Rebecca Sjonger
Bobbie Kalman

Editora de contenido
Kathryn Smithyman

Editoras
Amanda Bishop
Kelley MacAulay

Director artístico
Robert MacGregor

Diseño
Margaret Amy Reiach

Coordinación de producción
Heather Fitzpatrick

Investigación fotográfica
Crystal Foxton
Kristina Lundblad

Consultor
Dr. Michael A. Dutton, DVM, DABVP
Exotic and Bird Clinic of New Hampshire
www.exoticandbirdclinic.com

Consultor lingüístico
Dr. Carlos García, M.D., Maestro bilingüe de Ciencias,
   Estudios Sociales y Matemáticas

Agradecimiento especial a
Devan Cruickshanks y Scooter, Brody Cruickshanks,
Heather y Tim Cruickshanks, Steve Cruickshanks,
Kyle Foxton, Doug Foxton, Aimee Lefebvre, Alissa Lefebvre,
Jacquie Lefebvre, Jeremy Payne, Dave Payne, Kathy Middleton,
Natasha Barrett, Mike Cipryk y PETLAND

Fotografías
Marc Crabtree: contraportada, página de título, páginas 3, 4, 5, 6, 11,
   12, 13, 14, 15, 16-17, 18 (superior), 19 (superior), 20, 21 (superior),
   22, 23, 24, 25, 28, 30, 31
Robert MacGregor: página 21 (inferior)
Otras imágenes de Comstock, Digital Stock y PhotoDisc

Ilustraciones
Ilustrado en su totalidad por Margaret Amy Reiach

Traducción
Servicios de traducción al español y de composición
   de textos suministrados por translations.com

Crabtree Publishing Company

www.crabtreebooks.com   1-800-387-7650

Cataloging-in-Publication Data
Sjonger, Rebecca.
   [Hamsters. Spanish]
   Los hámsters / written by Rebecca Sjonger & Bobbie Kalman.
      p. cm. -- (El cuidado de las mascotas)
   Includes index.
   ISBN-13: 978-0-7787-8456-2 (rlb)
   ISBN-10: 0-7787-8456-8 (rlb)
   ISBN-13: 978-0-7787-8478-4 (pbk)
   ISBN-10: 0-7787-8478-9 (pbk)
   1. Hamsters as pets--Juvenile literature. I. Kalman, Bobbie, 1947- II.Title. III. Series.
   SF459.H3S56 2006
   636.935'6--dc22
                                                    2005036529
                                                         LC

**Publicado en
los Estados Unidos**
PMB16A
350 Fifth Ave.
Suite 3308
New York, NY
10118

**Publicado
en Canadá**
616 Welland Ave.,
St. Catharines, Ontario
Canadá
L2M 5V6

**Publicado en el
Reino Unido**
White Cross Mills
High Town, Lancaster
LA1 4XS
Reino Unido

**Publicado
en Australia**
386 Mt. Alexander Rd.,
Ascot Vale (Melbourne)
VIC 3032

Contenido

¿Qué son los hámsters?   4

¿La mejor mascota para ti?   6

Hámsters de todo tipo   8

Las crías de los hámsters   10

Elige tu hámster   12

Prepárate   14

Un hogar feliz para el hámster   16

Comida saludable para el hámster   18

Lindos hámsters   20

Manéjese con cuidado   22

¡Hora de jugar!   24

Mensajes de comunicación   26

Medidas de protección   28

Visita al veterinario   30

Palabras para saber e índice   32

¿Qué son los hámsters?

Los hámsters son mamíferos. Los **mamíferos** tienen pelaje o pelo en el cuerpo. También tienen columna vertebral. Las hembras producen leche dentro de su cuerpo para alimentar a sus crías. Los hámsters pertenecen a un grupo de mamíferos llamados **roedores**. La mayoría de los roedores son muy pequeños y tienen dientes delanteros filosos.

El cuerpo del hámster

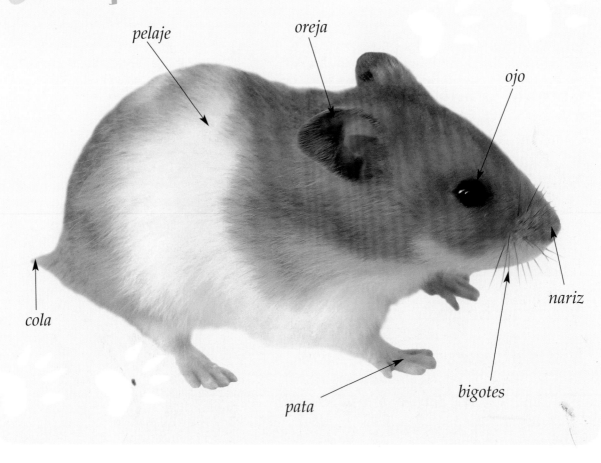

pelaje

oreja

ojo

cola

pata

bigotes

nariz

La historia de los hámsters

Los hámsters que tenemos como mascotas están emparentados con los **hámsters de campo**. Esos hámsters no están domesticados. Viven en zonas desérticas y rocosas. Cavan **madrigueras** subterráneas, o túneles. Los hámsters de campo duermen en la madriguera durante el día para protegerse del calor del sol. Buscan comida de noche, cuando está fresco y oscuro. Al igual que los hámsters silvestres, los que tenemos como mascotas están activos principalmente de noche. La mayoría de los hámsters mascota duermen todo el día.

Los hámsters mascota adoran los túneles, tubos y juguetes que pueden usar como madrigueras.

¿La mejor mascota para ti?

Los hámsters son adorables y es divertido verlos corretear por la jaula. Son pequeños, así que no necesitan tanto espacio como otras mascotas. Duermen la mayor parte del día. Si despiertas a un hámster para que juegue contigo durante el día, puedes alterarlo. En cambio, si esperas a que oscurezca para jugar con él, estará lleno de energía.

¿Cuidarías bien a un hámster?

¿Estás listo?

Las siguientes preguntas te ayudarán a ti y a tu familia a decidir si están listos para tener un hámster.

 ¿Tienes otras mascotas que puedan asustar o lastimar al hámster?

 ¿Hay algún lugar tranquilo en tu casa donde poner la jaula?

 ¿Limpiarás toda la jaula por lo menos una vez a la semana?

 ¿Quién alimentará al hámster y le cambiará el agua todos los días?

 ¿Tienes tiempo para jugar con el hámster todas las noches?

 ¿Algún miembro de tu familia es **alérgico** a los hámsters?

Hámsters de todo tipo

Hay muchas **razas**, o tipos, de hámsters que viven en el campo, pero sólo unas pocas se pueden tener como mascotas. En la tienda de mascotas probablemente encontrarás hámsters sirios, de Sungaria, siberianos, chinos y roborovski. Cada tipo de hámster tiene un aspecto distinto y actúa diferente. ¡Elige la raza que más te guste!

Los hámsters sirios son los hámsters mascota de mayor tamaño. Su cuerpo mide de seis a siete pulgadas (15 a 18 cm) de largo.

Mascotas doradas

La mayoría de los hámsters mascota son sirios. También se les llama hámsters dorados porque muchos tienen pelaje de ese color. Hay distintos tipos de hámsters sirios, como el dorado con manchas y el de banda blanca. Cada tipo tiene pelaje de distinto color, combinación de colores y longitud.

Los hámsters de Sungaria también se llaman hámsters rusos. Tienen la cola tan corta que puede ser difícil de ver.

Los hámsters siberianos también se conocen como hámsters blancos invernales. En los meses de invierno, cambian de color marrón grisáceo a blanco.

Los hámsters roborovski son los hámsters mascota más pequeños. Crecen hasta medir cerca de tres pulgadas (7.6 cm) de largo.

Los hámsters chinos tienen el cuerpo delgado y la cola mide una pulgada (2.5 cm) de largo.

Las crías de los hámsters

Los hámsters recién nacidos se llaman **crías**. Pueden nacer hasta catorce crías al mismo tiempo en una **camada** o grupo. Cuando nacen, las crías son rosadas porque todavía no les ha crecido el pelo. Tampoco pueden ver ni escuchar. La madre protege y alimenta a las crías cuando son muy jóvenes. Se acurruca junto a ellas para mantenerlas calientes.

Amor entre las crías

Las crías son muy lindas y es divertido verlas crecer. Sin embargo, si dejas que tu hámster se **aparee** y tenga sus propias crías, ¡tendrás muchos animales que cuidar! Debes encontrar un buen hogar para las crías antes de que crezcan. Mantén separadas a las hembras de los machos para evitar que nazcan crías que no quieres tener.

Crecimiento

Las crías pueden ver y oír a los diez días de nacidas. Les crece un pelo suave y esponjoso. Cuando cumplen tres semanas, deben separarse de la madre. La mayoría de las hembras comienzan a pelear con sus crías si permanecen demasiado tiempo juntas. Las crías también pueden empezar a pelear entre ellas si siguen juntas después de seis semanas.

Las crías macho y hembra pueden aparearse y tener sus propias crías cuando tienen cerca de cinco semanas de nacidas.

Elige tu hámster

Hay varios lugares donde puedes encontrar un hámster para que sea tu mascota. Pregunta si el **refugio de animales** de tu localidad o tus amigos están regalando hámsters jóvenes. También puedes comprar uno a un **criador** o en una tienda de mascotas. ¡Asegúrate de obtener tu mascota de alguien que cuida bien a los animales!

El hámster sirio está más contento cuando puede tener una casa para él solo.

Tres es multitud

A los hámsters sirios les gusta vivir solos. Si pones dos o más de estos hámsters juntos, pelearán y podrán lastimarse. A la mayoría de las otras razas más comunes les gusta vivir en pareja. Elige dos hámsters que sean ambos machos o ambas hembras, y que sean de la misma camada. Jugarán juntos y disfrutarán de la compañía del otro.

Qué buscar

Tómate tu tiempo para elegir el hámster que quieres llevarte a tu casa. Éstas son algunas formas de saber si está sano.

 La madre tiene aspecto saludable.

 El pelaje es suave y está limpio.

 La nariz y la cola están limpias.

 Ojos brillantes y limpios, no llorosos.

 Respira fácilmente y sin ruido.

 No tiene rasguños ni heridas en la piel.

 De noche es curioso y está activo.

Prepárate

Antes de llevar el hámster a tu casa, consigue todo lo que necesitas para cuidarlo bien. En estas páginas se muestra lo que necesitas.

Compra una jaula grande y cómoda.

*Cubre el fondo de la jaula con una **capa** de virutas de madera de álamo.*

*A los hámsters de pelo largo hay que cepillarlos con un **cepillo de alambre** pequeño o un cepillo de dientes limpio.*

Una caja o casa pequeña le da al hámster un lugar oscuro y tranquilo para descansar.

Compra un tazón de **cerámica** para la comida. ¡El hámster no podrá voltearlo ni roerlo!

Con un **bloque de sal**, tu hámster lamerá toda la sal que necesita en su dieta.

Una botella con un tubo de metal para sorber le dará a tu hámster agua limpia para beber.

Una mezcla de alimentos frescos y envasados ayudará al hámster a mantenerse sano.

¡Al hámster le encantará roer ramas de árboles frutales!

Los juguetes evitarán que tu hámster se aburra. ¡Y también le ayudarán a hacer ejercicio!

¡Bienvenido a casa!

Cuando recojas a tu nuevo hámster, ponlo en una jaula pequeña o en una caja de cartón con agujeros para que pueda respirar. Visita al **veterinario** de camino a casa. Él revisará al hámster para ver si está enfermo. Cuando llegues a tu casa, dale al hámster todo el tiempo que necesite para acostumbrarse a ti y a tu familia.

Un hogar feliz para el hámster

Puedes comprar una jaula en la tienda de mascotas. Muchas jaulas tienen base de plástico y la parte superior de malla de alambre. Asegúrate de que los espacios entre los alambres sean mucho más pequeños que el hámster; de lo contrario, ¡se puede escapar! También se puede escapar mordiendo la base de plástico, así que los alambres deben cubrir también el fondo de la jaula.

casa para dormir

Varios niveles le dará al hámster más lugar para jugar.

Los túneles deben ser amplios y con agujeros para respirar.

El lugar perfecto

Éstas son algunas de las cosas que debes tener en cuenta al elegir el mejor lugar para ubicar la jaula del hámster.

- silencio durante el día

- cerca de una ventana con sol

- temperatura entre 65° F y 80° F (18° C y 27° C)

- no demasiado **húmedo**

Si pones la botella del agua fuera de la jaula, quedará más espacio adentro para el hámster.

bloque de sal

tazón para el alimento

Cubre el piso de la jaula con una capa de al menos una pulgada (2.5 cm) de virutas de madera. Evita el cedro y el pino: ¡estas maderas podrían enfermar mucho al hámster!

Comida saludable para el hámster

Los hámsters necesitan ciertos alimentos para estar sanos. Puedes comprar alimento especial para hámsters en la tienda de mascotas. Es una mezcla de semillas, frutos secos y plantas secas. Limpia el tazón todas las noches y luego llénalo de comida. A los hámsters también les encanta comer frutas y verduras frescas.

Puedes darle un puñadito de zanahoria, pepino, apio, uvas, fresas o manzana cortada en trocitos todos los días.

El hámster guarda comida en las bolsas de las mejillas. Se lleva la comida a sus escondites en la jaula.

18

Agua fresca

Los hámsters necesitan mucha agua para estar sanos. Asegúrate de que la botella siempre esté llena de agua fresca. ¡Cuidado con las botellas que tienen fugas! Limpia la botella del agua todos los días.

¡No se come!

Ten cuidado de no darle al hámster ningún alimento que lo enferme.

- Las frutas y verduras que no han sido enjuagadas correctamente pueden tener peligrosos **pesticidas**.

- Las **frutas cítricas**, como las naranjas o toronjas, no son buenas para el hámster.

- ¡Nunca le des al hámster comida podrida! Asegúrate de sacar la comida vieja de la jaula todos los días.

- Los caramelos y las golosinas enfermarán al hámster.

- También se enfermará si le das **productos lácteos**, como leche o helado.

Lindos hámsters

El hámster pasará mucho tiempo **acicalándose** o limpiándose. Para mantenerse limpio, usa las patas, la lengua y los dientes. A pesar de eso, ¡tu mascota tal vez necesite tu ayuda para sentirse y verse muy bien!

Pelo largo

Si el hámster tiene pelo corto, probablemente pueda mantenerse limpio sin ayuda. A los hámsters de pelo largo hay que cepillarlos día por medio. Puedes comprar un peine en una tienda de mascotas o usar un cepillo de dientes blando. Quita con cuidado las virutas que se hayan enredado en el pelo de tu mascota. ¡Nunca le cortes el pelo ni los bigotes!

Dientes extraordinarios

Los hámsters tienen cuatro **incisivos**, o dientes delanteros filosos, que nunca dejan de crecer. Puedes ayudarlo a mantener los dientes en buen estado dándole trozos de madera de árboles frutales para que los muerda. Al roer, los dientes se desgastan y se evita que crezcan demasiado.

Corte de uñas

Si las uñas del hámster crecen tanto que empiezan a curvarse, pídele al veterinario que te muestre cómo cortarlas. ¡Debes tener mucho cuidado! Si las cortas demasiado pueden sangrar. Pon cartón o madera en la jaula para que el hámster los rasguñe. Eso ayudará a evitar que las uñas crezcan demasiado.

Siempre usa un cortaúñas o tijeras especiales para cortar uñas de roedores.

Manéjese con cuidado

Después de que tu hámster haya tenido un día o dos para explorar su jaula y sentirse cómodo, puedes comenzar a entrenarlo para **manejarlo**, o alzarlo. Siempre lávate las manos antes y después de alzar a tu hámster.

¡Manos a la obra!

Al comienzo, simplemente deja que el hámster te huela los dedos y las manos. Tiene que acostumbrarse a tu olor. También le puedes ofrecer verduras de hojas verdes u otra comida que le guste. ¡El hámster se acercará a tu mano si piensa que obtendrá comida!

Hámster a la mano

Después de unos días de permitir que el hámster se acostumbre a ti, puede subirse a tu mano. Mantén la mano abierta sobre el piso, con la palma hacia arriba. Deja que el hámster vaya de una mano a la otra para que pueda moverse. ¡Ahora puedes tratar de alzarlo!

Usa ambas manos para alzar al hámster. ¡Nunca lo levantes por las patas o la cabeza!

¡Hora de jugar!

Durante las horas de juego por la noche, los hámsters están activos y curiosos. Les encanta correr, trepar, cavar y esconderse. Si el hámster no tiene muchas cosas que hacer en la jaula, se puede aburrir y poner triste. En estas páginas se muestran algunos juguetes para hámsters que puedes agregar al hogar de tu mascota.

¡Los juguetes que puedes armar y cambiar de forma son más divertidos para el hámster!

A mezclarlos

Prueba agregar juguetes nuevos o cambiarlos de lugar dentro de la jaula. Estos cambios mantendrán a tu mascota interesada en la jaula. Nunca cambies más de una cosa por vez. El hámster se puede confundir si hay demasiados cambios en su casa.

Guarda tubos de cartón para que el hámster juegue.

La rueda para correr es un excelente lugar para que el hámster queme energía.

Mensajes de comunicación

El hámster puede enviar mensajes a las personas y a otros animales sin hacer ni un sonido. Observa cómo mueve el cuerpo. ¡Tal vez intente decirte algo! A veces sabrás cómo se siente por los ruidos que hace. En estas páginas encontrarás las maneras comunes en que se expresan los hámsters.

Cuando se estira mucho y bosteza, quiere decir que está contento.

Si el hámster se arrastra por el suelo buscando un lugar para esconderse, puede estar asustado.

Si el hámster se para sobre las patas traseras y huele el aire es porque tiene curiosidad.

Si el hámster está listo para pelear, puede acostarse de espaldas con las patas hacia arriba.

¡Escucha!

Los hámsters no hablan, pero hacen sonidos que sirven para entenderlos. Si el hámster chilla, ¡cuidado! Suelen chillar antes de morder. También pueden gruñir o sisear si se sienten amenazados. Pon mucha atención si el hámster comienza a chillar. Puede significar que está asustado o que le duele algo.

Medidas de protección

Si los hámsters no son tratados con cuidado o se les molesta cuando están durmiendo, pueden morder. ¡Recuerda que tienen dientes filosos! Puedes evitar que te muerda si lo dejas solo cuando duerme. ¡Nunca lo asustes al alzarlo! Muévete lentamente y siempre trátalo con cuidado.

Muéstrale a tu familia y amigos cómo manejar al hámster correctamente. Si mucha gente desconocida juega con el hámster, se puede poner nervioso.

Siempre en casa

Dejar al hámster salir de la casa es una mala idea. ¡Se mueven muy rápido! Es muy probable que corra para esconderse. El hámster estará en problemas si un gato o un ave lo encuentran antes que tú.

Algunas mascotas, como los perros, pueden representar un gran peligro para el hámster.

Libertad de movimiento

Antes de dejar al hámster correr por toda la habitación, fíjate en estos posibles peligros.

- ¿Hay puertas o ventanas por donde el hámster se pueda escapar?

- ¿Hay lugares o cosas donde se pueda esconder?

- ¿Hay algo en la habitación que el hámster pueda dañar con los dientes o las uñas?

- ¿Hay plantas **venenosas** que el hámster pueda comer?

- ¿Hay cables eléctricos sin protección que puedan lastimar al hámster si los muerde?

Visita al veterinario

El veterinario es un médico para animales. Te ayudará a que tu hámster esté saludable. Si crees que puede estar enfermo, llévalo de inmediato al veterinario. Cuanto antes lo trate, mayor oportunidad tendrá de sobrevivir a una enfermedad.

Si alguna vez tienes preguntas sobre la salud de tu hámster, el veterinario te puede ayudar.

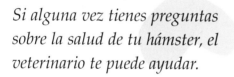

Cuándo buscar ayuda

Es muy importante que lleves al hámster al veterinario ante los primeros signos de enfermedad. Presta atención a señales de advertencia como las que se enumeran a continuación.

 Tiene heridas o costras en la piel.

 Su respiración es ruidosa y pesada.

 Pierde pelo o lo tiene opaco.

 Duerme más de lo usual.

Tiene la nariz mojada o los ojos llorosos.

 Come menos de lo habitual.

Tiene mojada la cola.

Mejores amigos

Cuidar a tu hámster significa pasar tiempo con él todos los días. Debes alimentarlo, acicalarlo y jugar con él. Los hámsters saludables y felices viven dos o tres años. ¡Disfruta todo el tiempo que tienes con tu hámster!

Palabras para saber

Nota: Es posible que las palabras en negrita que están definidas en el texto no aparezcan en esta página.

alérgico Palabra que describe a alguien que tiene una reacción física a algo, como un alimento o caspa de animales

aparear La unión de dos animales para que tengan cría

cerámica Material hecho de arcilla cocida

criador Persona que reúne hámsters para que tengan cría

frutas cítricas Frutas jugosas que tienen cáscara gruesa, como las naranjas

húmedo Palabra que describe aire que contiene vapor de agua, el cual humedece el aire

pesticida Producto químico que sirve para matar insectos

productos lácteos Alimentos hechos con leche y otros derivados de la leche

refugio de animales Centro donde cuidan animales que no tienen dueño

venenoso Palabra que describe algo que tiene sustancias que pueden dañar o matar a un animal

veterinario Un médico que atiende animales

Índice

acicalar 20-21, 31

alimento 5, 15, 17, 18-19, 22, 31

aparear 10, 11

crías 4, 10-11

cuerpo 4, 9, 26,

dientes 4, 20, 21, 28, 29

dormir 5, 6, 28, 31

entrenar 22

jaula 6, 7, 14, 15, 16-17, 18, 19, 21, 22, 24, 25

jugar 6, 7, 12, 16, 24-25, 28, 31

nariz 4, 13, 31

ojos 4, 13, 31

orejas 4

patas 4, 20, 27

pelaje 4, 8, 10, 11, 13, 14, 20, 31

protección 28-29

razas 8-9

uñas 21, 29

veterinario 15, 21, 30-31

1 2 3 4 5 6 7 8 9 0 Impreso en Canadá 5 4 3 2 1 0 9 8 7 6